Lm 541

NOTICE HISTORIQUE ET GENEALOGIQUE

SUR LA MAISON

DE LA ROCHETTE.

NOTICE

Hiſtorique & Généalogique

SUR LA MAISON

DE LA ROCHETTE

en Auvergne, Velay, Forez, Vivarais, &c.

Et majores vestros et posteros cogitate......
TACITE (*Galgacus aux Bretons*).

LYON

IMPRIMERIE DE LOUIS PERRIN

—

M DCCC LVI

A MA MERE

CATHERINE-HENRIETTE

DE LA ROCHETTE DE BOBIGNEUX.

'EST à vous, ma Mère, à qui je dois tant, que je consacre ces lignes de piété filiale. Notre intimité fut tout ce qu'elle devoit être; j'étois votre premier-né, vous me nourrites de votre lait, &, en même temps que vos soins assidus fortifioient mon enfance, vous jetiez dans mon cœur les précieux germes de la piété, de la vertu & de tous les bons sentiments. Bientôt l'orage révolutionnaire de 1793 éclata sur nos têtes ; vous partageâtes alors votre sollicitude entre vos jeunes enfants dont j'étois

le plus âgé, & un époux digne de vous, en fuite & proscrit. Dans cette affreuse crise, vous pourvûtes à tout : à notre subsistance, en glanant sous le séquestre des biens de famille; aux soins plus relevés que notre adolescence commençoit à réclamer, par votre capacité intellectuelle. Un peu de calme rendu au pays nous amena tous sous votre direction à Lyon, où nous pûmes profiter des ressources de l'instruction. Si pleine de savoir vous-même, vous sentiez vivement pour nous le bienfait d'une bonne & complète éducation.

Exemplaire dans tous vos saints devoirs de mère & d'épouse, chérie & appréciée de tous ceux qui vous entouroient, qui vous connoissoient, vous fûtes enlevée à notre tendresse par une mort prématurée, laissant au milieu de nous, au milieu de la société, une mémoire ineffaçable de mérite, d'estime & de vertu. Vous passâtes sur la terre, grandement éprouvée par les malheurs publics & privés* qui ne firent que ressortir tout ce que votre essence d'élite renfermoit de force d'âme, de prudence & de résignation. De si belles, de si nobles qualités rappeloient votre origine, & vous les teniez aussi de ceux qui vous avoient précédée dans une longue ligne d'ascendance.

Voué à un culte filial auquel le temps écoulé n'a porté aucune atteinte, rempli des bienfaits de ces proches qui

---

* La perte de trois jeunes enfants.

vous furent chers & que j'avois appris à aimer à votre exemple, qu'il me soit permis aujourd'hui de retracer leur ancienne & vénérable filiation. Avec tous les contemporains qui lui appartiennent, j'y retrouverai pour moi & les miens, à chaque génération, le souvenir du plus noble des héritages, celui de l'honneur & de la vertu, transmis séculairement sans aucune atteinte rétrograde. En les recueillant avec amour, ces souvenirs, en les rassemblant en un seul & durable faisceau, j'aurai bien mérité de ceux dont ils sont aussi le précieux patrimoine, &, en satisfaisant à mon profond sentiment personnel, je me croirai encore plus digne d'appartenir, de sang & d'affection, à votre excellente lignée.

Mais surtout, ô ma Mère! puissiez-vous trouver, dans ce qui va suivre, un tendre & dernier hommage de votre fils bien-aimé,

D'ASSIER DE VALENCHES.

Lyon, 15 décembre 1855.

GENEALOGIE
DE LA
MAISON DE LA ROCHETTE.

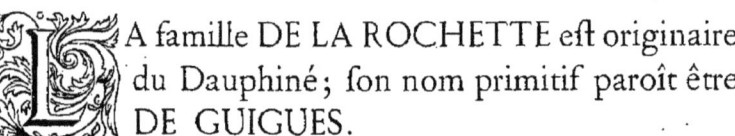

La famille DE LA ROCHETTE eſt originaire du Dauphiné; ſon nom primitif paroît être DE GUIGUES.

Elle ſe tranſplanta en Auvergne.

I. En 1241, vivoit un BÉRAULD DE GUIGUES DE LA ROCHETTE; les archives du château d'Auger, réſidence de famille (près Iſſoire en Auvergne), ont poſſédé un acte de partage entre ce Bérauld & ſon frère Bernard, chanoine au Chapitre noble des comtes de Brioude (1). Cet acte qui eſt ſur parchemin, & en latin, porte la date de 1241 & le ſceau du Chapitre. C'eſt le plus ancien des titres écrits de la famille de La Rochette.

II. PIERRE DE GUIGUES DE LA ROCHETTE ſuccéda à Bérauld; il eſt fait mention de lui en 1298.

III. ROBERT DE GUIGUES DE LA ROCHETTE, qualifié de *damoiſeau*, ſe maria en 1308 ; le contrat de mariage eſt dans les papiers de la famille. C'eſt à un Robert de Guigues de La Rochette, peut-être fils de celui-ci, que Jean, duc d'Auvergne, fils de Jean-le-Bon, roi de France, donna la terre de Saint-Ilpize, dans laquelle étoit ſitué le fief de La Rochette, qui eſt reſté longtemps dans la famille. L'acte de donation porte la date de 1360 (2).

NOTA. Ces trois premiers noms ſont incertains dans l'ordre généalogique, qui ne commence authentiquement qu'à :

IV. HUGUES DE GUIGUES DE LA ROCHETTE, ſucceſſeur de Robert; il mourut jeune. On poſsède dans

---

(1) Aux auteurs de ceux-ci ſe rattache la tradition des croiſades : Un DE GUIGUES dit DE BELCASTEL, à ſon retour de la Terre-Sainte, auroit fondé les chapelles de Saint-Laurent & de Sainte-Anne-de-Loubarsès, prébendes auxquelles ont longtems nommé ſes ſucceſſeurs. (*Teſtament généalogique de M. Louis de La Rochette d'Auger.*)

(2) Voir Baluze (*Hiſtoire de la maiſon d'Auvergne*, in-fol., tom. I, page 223, & tome II, page 445, Preuves).

ANDREAS DE CONROS.
(1)

les archives d'Auger fon teftament à la date de 1366, reçu par Pierre Achard, notaire. Il lègue fes biens à Dragonnet fon fils aîné, & à Armand de Guigues de La Rochette fon fils puîné, qui fe fignala dans les guerres du Dauphin d'Auvergne. Il avoit épousé Jeanne de Conros, d'une famille noble, dont un évêque de Clermont en 1375.

V. DRAGONNET DE GUIGUES DE LA RO-CHETTE fuccéda à Hugues fon père, en 1366. C'eft à partir de ce Dragonnet que le nom de Guigues fut abandonné dans la maifon de La Rochette, quoiqu'il foit bien prouvé par le teftament de Hugues de Guigues de La Rochette, qui eft à Auger, que Dragonnet étoit

DE BIERS.

fon fils. Le contrat de mariage de Dragonnet avec Ifabelle de Biers fait mention du nom de Guigues. Dragonnet mourut à Saint-Ilpize, en 1400. Ifabelle de Biers, fa femme, lui furvécut. Il eft fait mention de cette dernière dans un acte par lequel elle fait un don au prieuré de Saint-Ilpize. Dans cet acte, qui porte la date du 2 juillet 1402, Ifabelle de Biers fe dit veuve de noble Dragonnet de Guigues de La Rochette, feigneur de Saint-Ilpize.

---

(1) Voir, à la fin de la Notice, le chapitre du blafonnement des armoiries.

Pierre de Biers, son père, étoit damoiseau dans le duché de Mercœur, en 1334.

VI. BÉRAULD (1) DE LA ROCHETTE, fils de Dragonnet, mourut très jeune.

DE TORSIAC.

Il se maria, le 14 juillet 1405, avec Anne de Torsiac, & laissa plusieurs enfants.

Sa femme Anne de Torsiac & sa mère lui survécurent.

La famille de Torsiac, aux environs de Blesle, étoit fort noble; elle fournissoit déjà au Chapitre de Brioude.

VII. GUILLAUME DE LA ROCHETTE, qui succéda à Bérauld, paroît avoir été l'aîné de ses frères. Il contracta alliance, en 1430, avec demoiselle Isabelle de Chapel, fille de noble Jean de Chapel, seigneur de Ribeyrac près de Chillac.

DE CHAPEL.

Il y a un Gilbert Chapel chevalier en 1080; Hugues Chapel, bailli d'Auvergne en 1204.

L'acte de mariage est entre les mains de MM. de La Rochette de Saint-Sauveur, qui habitoient aussi Feurs en Forez. (MM. de La Rochette de Saint-Sauveur possédoient plusieurs autres titres des La Rochette d'Auvergne concernant leur filiation). Guillaume commanda

---

(1) Bérauld ou *Gilbert*, dont il est le diminutif.

le château de Saint-Ilpize ; il fit la guerre à la suite des hauts seigneurs de ce temps-là. Il y a, dans les archives d'Auger, plusieurs titres honorifiques qui lui furent accordés en 1448. Il laissa deux fils, Erard & Antoine.

DE DIGONS.

VIII. ERARD DE LA ROCHETTE succéda à Guillaume. Il épousa, le 11 mai 1486, Isabeau de Digons ; le contrat est à Auger. On possède également, dans les mêmes archives, une lettre du roi Charles VIII, en date du 20 août 1496, dans laquelle ce monarque appelle Erard de La Rochette son ami & féal, & lui accorde divers honneurs. Cette lettre porte la signature du roi & le sceau de ses armes fleurdelisées. Erard mourut en 1497 ; il laissa deux fils & une fille : Erard continua sa lignée, & Jacques devint l'auteur de la branche du Velay, Forez & Vivarais.

D'AURELLE DE COLOMBINE.

IX. ERARD II DE LA ROCHETTE, qui portoit le même nom que son père, épousa, le 11 juillet 1530 (ainsi qu'en font foi les actes qui sont à Auger), demoiselle Péronnelle d'Aurelle de Colombine, proche parente des Miramon de Pestel. Il eut deux fils : Jean qui lui succéda, & François qui forma aussi branche dans le Velay.

CHAMBE-
FORT DE
BAYAS.

X. JEAN DE LA ROCHETTE étoit fils d'Erard.
Il prit alliance, le 19 janvier 1564, avec Marie de Chambefort ou Cambefort. François de La Rochette, frère de Jean, mourut jeune ; il laiffa un grand nombre d'enfants en bas âge. Par fon teftament il confia le foin de fa famille à Jean fon frère.

Cette pièce, qui eft à Auger, prouve que les deux frères avoient l'un pour l'autre une grande affection. Jean de La Rochette habita plufieurs années le château de La Rochette dans le Velay, appartenant à fes neveux, dont il furveilla l'éducation. Plus tard ce même Jean partit pour la guerre accompagné de fes fils & de fes neveux, & combattit fous les bannières de Charles IX, d'Henri III & d'Henri IV. Jean de La Rochette mourut dans un âge très avancé, en fon château de La Feuillerade (1), l'an 1620 ; il laiffa quatre fils qui formèrent diverfes branches.

A cette génération doivent appartenir meffieurs de La Rochette dits *de Rochegonde*, qui ont continué la filiation de la branche aînée, & dont le repréfentant

---

(1) La Feuillerade, canton de Mercœur, arrondiffement de Brioude. Ce château ne préfente plus qu'une belle ruine. Celui du Fraiffe, moins important, & qui n'en eft pas éloigné, eft auffi détruit.

actuel possède encore le château de La Rochette, près de la Voûte-Chillac (Haute-Loire).

DE SABRAN

XI. FRANÇOIS DE LA ROCHETTE, fils de Jean, paſſa ſon contrat de mariage, le 22 août 1598, devant Heniſet, notaire. Il épouſa demoiſelle Anne de Sabran, veuve de noble Jacques Léotoin de Montgon, ſeigneur de La Baſtide, & fille de Claude de Sabran, bailli de Gévaudan. François de La Rochette céda à un de ſes frères les droits qu'il avoit ſur le château de La Feuillerade, pour ſe fixer au château de La Baſtide (1), que lui avoit apporté en dot Anne de Sabran; il y mourut le 4 novembre 1629, laiſſant pluſieurs enfants.

DU CHATELET.

XII. BALTHAZARD DE LA ROCHETTE, fils de François, épouſa, le 2 novembre 1625, demoiſelle Anne du Châtelet, d'une très bonne & ancienne maiſon d'Auvergne, poſſédant la ſeigneurie de Cherblanc près Apchon.

---

(1) La Baſtide, paroiſſe de Saint-Juſt, près Brioude.

DUMAS DE LODINE.

XIII. HENRI DE LA ROCHETTE, fils de Balthazard, naquit le 3 août 1626; il prit alliance, le 11 septembre 1656, avec demoiselle Anne Dumas de Lodine. Henri mourut au château de La Baftide le 18 décembre 1697.

Les Dumas de Lodine avoient quatre comtes au Chapitre de Brioude.

DE ROCHEMURE.

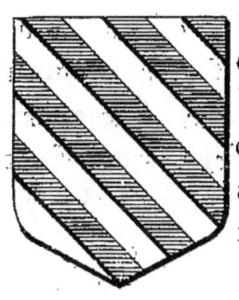

XIV. CLAUDE DE LA ROCHETTE, né au château de La Baftide le 1er avril 1660, époufa, le 16 février 1686, Marie de Rochemure; il décéda audit château de La Baftide le 1er juillet 1723, après avoir porté les armes une partie de fa vie.

DE CHAMPROUSSE.

XV. JOSEPH DE LA ROCHETTE naquit au château du Fraiffe en Gévaudan, le 14 novembre 1696. Il avoit époufé, le 22 mai 1739, Marie de Champprouffe; il en eut deux fils, Jofeph & Louis qui fuit :

XVI. **LOUIS DE LA ROCHETTE**, feul marié,
prit alliance avec demoifelle Antoinette de Chambarlhac le 1ᵉʳ octobre
1768 (Gerle, notaire à Sauxillanges).
Héritière d'une branche de fa famille,
elle apporta à fon mari les terres
d'Auger près Iffoire, du Mas & de
La Roche-Faÿ, aux environs du Puy
en Velay.

DE CHAM-
BARLHAC.

De cette union fept enfants :

1. Jean-Baptifte-Victor-Louis de La Rochette, dont l'article fuivra.
2. Jacques-Gafpard de La Rochette, né le 18 août 1771, officier de cavalerie au régiment de la Reine, mort fans poftérité, le 23 juin 1790, en fe noyant par accident dans la Meufe à Stenay, où il étoit en garnifon.
3. Louis-Jofeph de La Rochette, auteur de la branche B, qui fuivra.
4. Gabriel-Annet de La Rochette, mort enfant.
5. Jean-Baptifte-Hugues-Victor de La Rochette, auteur de la branche C, ci-après.
6. Marie-Rofalie de La Rochette, née le 24 février 1780, mariée au chevalier Louis de Riols, morte le 1ᵉʳ février 1803. De ce mariage eft né M. Julien de Riols, qui a fix enfants & qui habite l'Auvergne.
7. Louis-Jofeph-Florimond de La Rochette, né le

2

30 juillet 1785, mort fans poftérité le 20 mai 1804.

XVII. JEAN-BAPTISTE-VICTOR-LOUIS dit le Comte DE LA ROCHETTE, officier au régiment de Limoufin infanterie, étoit né le 27 juillet 1770. Son dévouement à la caufe royale le fit renoncer à la carrière militaire. Echappé aux profcriptions révolutionnaires, il fe retira dans fa terre patrimoniale d'Auger en Auvergne, &, au retour de l'ordre, contracta mariage avec demoifelle Conftance de Muzy, de la province de Bourgogne. Il mourut le 29 août 1820, laiffant pour enfants:

DE MUZY.

XVIII. 1. ELZEARD DE LA ROCHETTE, mort fans poftérité à Riom, en 1848.
2. Ludivine, morte à l'âge de feize ans.
3. Madame Laure de La Rochette, mariée à M. Du Johanes de Jenfat, & habitant le beau château de ce nom, près de Gannat. Devenue héritière de la branche directe qu'elle repréfente, elle conferve dignement le dépôt des titres de famille qui lui eft dévolu avec la fucceffion de fon frère unique Elzéard, poffeffeur d'Auger.

DE JENSAT.

Branche B.

XVII. LOUIS-JOSEPH DE LA ROCHETTE, dit Du Fay ou le vicomte de La Rochette, troisième fils de Louis, né le 11 février 1773, mort le 28 octobre 1846. Officier émigré, devint chef d'escadron à l'armée du prince de Condé, dans le régiment de Rohan cavalerie; à sa rentrée en France eut en partage les biens de sa famille situés en Velay, aux environs du Puy, & reçut la croix de Saint-Louis sous la Restauration.

DE VALABRIS.

Il prit alliance avec Jeanne-Marie-Eulalie d'Arnaud de Valabris, de la ville d'Uzès. De ce mariage sont nés :

1. Gasparine-Herminie de La Rochette, qui a épousé son cousin germain, M. Ludovic de La Rochette. (Voir Branche C.)
2. Arthur de La Rochette, qui continue ci-après la filiation.
3. Elzéarine-Armance, religieuse dans l'ordre du Sacré-Cœur.

XVIII. ARTHUR DE LA ROCHETTE, marié le 1ᵉʳ juillet 1849 à demoiselle Caroline de Saint-Vincent, en Languedoc. De ce mariage sont nées, demoiselles Blanche & Louise de La Rochette.

DE SAINT-VINCENT.

Branche C.

XVII. JEAN-BAPTISTE-HUGUES-VICTOR DE LA ROCHETTE, né le 14 septembre 1777, garde-du-corps du roi Louis XVIII en 1814, puis officier dans la gendarmerie des chaſſes de S. M. Après avoir réglé ſes droits légitimaires avec ſes frères ſoit en Auvergne, ſoit en Velay, il épouſa Madame Marie-Aimée Malard de Sormain, veuve de M. de Précy, neveu du général qui défendit Lyon; elle lui porta le château & terre de La Garde près Marcigny, où il fixa avec elle ſa réſidence, ayant fait confortablement reconſtruire ſon habitation. Il ſurvécut à ſa femme, & mourut le 19 avril 1838, laiſſant pour enfants :

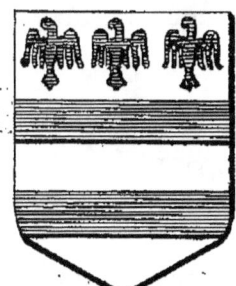
DE SORMAIN.

1. Jean-Marie-Victor-Ludovic de La Rochette, ci-après.
2. Marie-Henriette-Eulalie, née le 29 mai 1821, mariée à M. Charles Villedey de Croze, habitant le château de ce nom, en Charollais.
3. Joſeph-Julien de La Rochette, marié près de Chalon-ſur-Saône, qui aura ſon article.

XVIII. JEAN-MARIE-LUDOVIC DE LA ROCHETTE, propriétaire, réſidant en ſon château de La Garde près Marcigny en Charollais, a épouſé, le

DE LA
ROCHETTE
DU FAŸ.

11 juillet 1841, sa cousine germaine, demoiselle Gasparine-Herminie de La Rochette du Faÿ, comme nous l'avons dit plus haut. De cette union sont nés :

1. Eulalie-Marguerite, morte enfant.
2. Eulalie-Gabrielle, morte enfant.
3. Marie-Louise-Marthe, existante, âgée de dix ans.
4. Louis-Henri, mort enfant.
5. Marie-Charlotte-Paule, existante, âgée de trois ans.

XVIII. JULIEN DE LA ROCHETTE, marié le 15 juillet 1850 à demoiselle Anna Sancy, fille d'un riche président de la magistrature consulaire de Chalon-sur-Saône. Il a pour enfants :

1. Joseph de La Rochette, le seul représentant mâle de la famille, âgé de trois ans, & qui formera le XIXe degré de la filiation.
2. Jeanne, âgée de quelques mois.

Tout ce qui concerne la généalogie ci-dessus a été tiré des archives du château d'Auger, & sur des notes ou pièces obligeamment fournies par mon bon parent M. Ludovic de La Rochette, parmi celles qu'il possède dans ses papiers de famille, à La Garde.

Il termine ainſi leſdites notes en me les tranſmettant :

« Dans le précis abrégé & hiſtorique de la maiſon
« de La Rochette d'Auvergne qu'on vient de retra-
« cer, on n'a pas voulu remonter plus haut que les
« anciens contrats que poſsède la branche aînée de
« La Rochette d'Auger, repréſentée de nos jours par
« Madame de Jenſat, laquelle poſsède dans ſes ar-
« chives tous les titres de la maiſon, ſans interrup-
« tion, de manière à prouver la filiation, ſans lacune,
« depuis Joſeph de La Rochette juſqu'à Bérauld de
« Guigues de La Rochette qui vivoit en 1241. Je ferai
« remarquer qu'à cette époque, qui eſt déjà bien re-
« culée, la maiſon de La Rochette étoit d'une origine
« ancienne, puiſqu'à cette date de 1241 Bérauld de
« La Rochette avoit un frère qui étoit au Chapitre
« noble de Brioude, pour lequel, comme on ſait, il
« falloit de hautes preuves.

« M. Louis de La Rochette, l'un de nos auteurs,
« qui s'eſt fort attaché à compléter les documents
« qu'il poſsédoit ſur ſa famille, a puiſé dans le char-
« trier du Chapitre noble de Brioude les renſeigne-
« ments qui lui manquoient. Il avoit toutes facilités
« pour cela, puiſqu'un de ſes oncles faiſoit partie de
« ce Chapitre.

« Dans les notes que je vous tranſmets, on n'a pas
« parlé des avantages & des faits honorant la maiſon
« de La Rochette, qui prend rang en Auvergne dans
« celles dites d'ancienne chevalerie. Cette maiſon a

« compté des ancêtres aux Croisades. Plusieurs autres
« de ses membres se signalèrent dans différentes guer-
« res, ou autres circonstances.

« Elzéard de La Rochette (XVIII, page 18),
« étant à Paris en 1841, alla trouver M. de Cayeux,
« lui présenta tous ses titres de famille, en formant
« une demande pour obtenir une place dans le salon
« des Croisades. M. de Cayeux parut fort satisfait de
« l'examen qu'il fit de nos parchemins. Il dit à notre
« cousin que peu de familles très nobles possédoient
« des papiers aussi en règle ; qu'il regrettoit qu'il n'y
« eût plus de place dans le premier salon ; que l'in-
« tention du roi Louis-Philippe étoit que l'on en créât
« un autre pour compléter la collection ; que, dès que
« ce projet seroit arrêté, il eût à lui rappeler la pro-
« messe qu'il lui faisoit de le faire inscrire en première
« ligne. Mais, depuis lors, que d'événements se sont
« passés ! ! ! »

On trouve dans Baluze (Histoire de la Maison d'Auvergne), que Robert, dauphin IIIe du nom, de la
branche des seigneurs de Saint-Ilpize & Combronde,
à la suite d'une guerre faite contre les ordonnances
royales en 1361, mourut en prison, & ses biens furent confisqués. Saint-Ilpize fut donné à *Robert de La
Rochette*, noble homme & damoiseau ; plus tard une
transaction ayant réintégré les héritiers du dauphin
dans les biens de leur père, le nouveau possesseur
traita alors avec lesdits héritiers, pour conserver les

fiefs de Saint-Ilpize & de La Rochette. Ils étoient situés sur l'Allier, non loin de Brioude, où on les retrouve encore.

— Dans une charte du 30 janvier 1444, citée par Baluze, figure *Louis de La Rochette*, chevalier, comme l'un des fondés de pouvoirs de très haut & puissant seigneur Bertrand de La Tour, VIIe du nom, comte d'Auvergne & de Boulogne, pour l'accomplissement du mariage de son fils, autre Bertrand de La Tour, avec Louise de La Trémoille. (Histoire de la Maison d'Auvergne, par Baluze, tome II, page 662.)

BRANCHE

DES LA ROCHETTE DU VELAY, FOREZ ET VIVARAIS,

ISSUE DE CELLE D'AUVERGNE.

Nota. Ce qui fuit eft tiré des papiers du château de Bobigneux, habitation de la famille, & remonte un peu plus haut que la féparation des deux branches (1).

VI. GILBERT ou BERAULD (2) DE LA ROCHETTE, écuyer, feigneur dudit lieu fur l'Allier, paroiffe de Saint-Ilpize, diocèfe de Saint-Flour, tefta le 21 octobre 1421, & inftitua pour fes héritiers fes enfants Guillaume & Claude.

VII. GUILLAUME DE LA ROCHETTE époufa Ifabelle de Chapel, dont :
1. Erard, qui fuit.
2. Antoine de La Rochette, qui fit hommage le 18 juillet 1503, ès-mains de Jean de Senne-

---

(1) Bobigneux (*Terra de l'albignis*), dans le frais vallon de Saint-Sauveur près Bourg-Argental en Forez, fe retrouve comme fief dans les plus anciens titres. Il faifoit partie des vaftes poffeffions d'Arthaud d'Argental, dont le fils Adhémar fit donation de Bobigneux, en 1088, au prieuré de Saint-Sauveur, fondé par fon père, en 1060, entre les mains de Saint-Robert, abbé de la Chaife-Dieu.

(2) Bérauld eft un diminutif de Gilbert. — *Gilbérauld*.

terre & de Jean de Colonge, pour le duc d'Auvergne & de Bourbonnois, du fief de La Cacharde.

3. Anne, mariée en 1480.

VIII. ERARD DE LA ROCHETTE s'allia à Isabelle de Digons, par acte du 21 mars 1465. Antoine de La Rochette, son frère, lui passa quittance des droits qu'il avoit à prétendre sur la succession de leur père. Ses enfants furent : Erard II qui continua les La Rochette d'Auvergne, & Jacques qui vient, auteur de la branche de Velay, Forez & Vivarais. Marie de La Rochette leur sœur fut mariée à Antoine du Cros, écuyer, seigneur dudit lieu.

IX. JACQUES DE LA ROCHETTE, Ier du nom, écuyer, épousa Marguerite Valentin de Craponne le 11 septembre 1526. Reçu Sapientis, notaire ; dont :

VALENTIN.

1. Jacques, qui suit.
2. Antoine de La Rochette, recteur (1) de Saint-Vallier.
3. Anne de La Rochette, femme de noble Fleury Le Fèvre, d'Annonay.

X. JACQUES DE LA ROCHETTE, IIe du

---

(1) Archiprêtre, curé.

nom, écuyer, lieutenant-général au bailliage d'Argental, par provifions du 20 février 1574, eut troi

BOLLIOUD.

femmes : 1° Antoinette Bollioud de Saint-Julien, à Bourg-Argental; 2e Claire de Cofu; 3° Catherine de Plaffe. Il mourut en 1586; & du deuxième lit, vinrent :

1. Jean, qui fuit.
2. Jacques de La Rochette, lieutenant-général au bailliage de Bourg-Argental, par lettres du 1er décembre 1586. Il avoit époufé Bonne Brou.
3. Pierre de La Rochette, commiffaire de l'artillerie de France.
4. Antoine de La Rochette, recteur de Beaumont.
5. Denis de La Rochette, écuyer, capitaine d'une compagnie de cent hommes d'armes & feigneur de Beaumont-le-Roger en Gafcogne, époufa, en 1599, Jeanne Dufaur, fille de feu noble R** Dufaur de Ribanel & d'Anne de Sieuvrac. Ses fils furent pages du roi, & fa poftérité, établie aux Hayet près d'Auch, s'eft éteinte en la perfonne de M. de La Rochette, ancien garde-du-corps du roi & chevalier de Saint-Louis, mort fans alliance le 20 janvier 1818.
6. Anne de La Rochette, mariée à Thomas de Vermanton, lieutenant principal de la juridiction de Valence.

7. Catherine de La Rochette, alliée à N** Mercier, dont un fils employé à l'extraordinaire des guerres à Paris, en 1651.
8. Marguerite de La Rochette, mariée à Marcellin de Béget, bailli de Moniſtrol, dont N** de Béget, doyen de la cathédrale du Puy.
9. Suzanne de La Rochette, femme de Claude Gayot, à Saint-Chamond.
10. Madeleine de La Rochette, alliée à noble Thomas Seytre.
11. Louiſe de La Rochette.

XI. JEAN DE LA ROCHETTE, docteur ès-droit, bailli & juge de Saint-Sauveur en Forez, fut un patriarche par ſa nombreuſe famille, & ſon âge de près de cent ans. Il épouſa, par contrat du 6 juin 1588, Catherine Copier, dont la famille poſſédoit le fief de La Murette près Saint-Didier-la-Seauve, en Velay. Elle teſta le 1er juillet 1610, & ledit Jean le 15 janvier 1648; mort en 1656, laiſſant dix enfants :

COPIER.

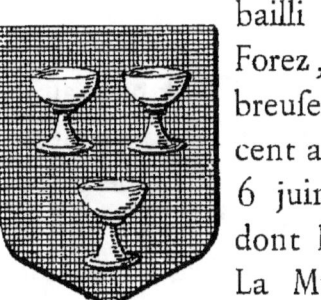

1. Marcellin, qui ſuit.
2. Jean-Jacques de La Rochette, auteur de la branche de Brénieu en Vivarais, rapportée ci-après.
3. François, auteur de la branche de La Beſſonnière, rapportée ci-après.

4. Pierre de La Rochette, prieur commendataire de Saint-Pierre de Salles & chanoine de Moniſtrol.
5. Antoine, mort jeune.
6. Paul de La Rochette, auteur de la branche de Bobigneux, rapportée ci-après.
7. Marie-Claudine, religieuſe à la Viſitation de Sainte-Marie, à Saint-Etienne.
8. Catherine de La Rochette épouſa Pierre de Colomb-Martinet, de Saint-Sauveur (1).
9. Madeleine, femme de Jean Manoa & mère de Jeanne Manoa, mariée à Jean de Colomb, ſeigneur de Chambaud, juge de La Faye.
10. Claire de La Rochette.

DE PICHON.

XII. MARCELLIN DE LA ROCHETTE fut maître des requêtes de la reine, proviſions du 24 août 1653. Il étoit né le 15 novembre 1602; il s'allia à Marguerite Pichon, de Saint-Didier, teſta le 12 décembre 1667, & mourut en 1678. Il eut deux enfants:

1. Jean-Baptiſte, qui ſuit.
2. Jacques de La Rochette, auteur de la branche de Villedemont, rapportée ci-après.

---

(1) L'honorable famille DE COLOMB, dont le digne repréſentant habite encore Saint-Sauveur, étoit très anciennement venue dans nos contrées, du Puy en Velay, où l'un de ſes auteurs étoit qualifié de *damoiſeau* en 1308. (Recueil de D'Aubaïs.)

DE CHAVE
DE
LA CHAVAS.

XIII. JEAN-BAPTISTE DE LA ROCHETTE fut  l'un des 200 hommes d'armes de la reine, fuivant commiffion du 19 mai 1655. Né le 24 juin 1632, il époufa Marguerite de Chaves de La Chavas, fille de Jean de Chaves de La Chavas, écuyer, feigneur du Col, & de Françoife de Sauzéa, par contrat du 26 novembre 1666. Il tefta le 11 décembre 1689, & mourut le même jour que fa femme, le 19 du même mois & an, laiffant :

1. Jean-Marcellin, qui fuit.
2. Marie de La Rochette, mariée à François de Colomb, réfidant à Montviol près Saint-Sauveur, par contrat du 24 décembre 1692, reçu Dutreyve, notaire.
3. Marianne de La Rochette.
4. Marguerite de La Rochette.
5. Françoife de La Rochette.

CHOMEL
DE
LA FAYOLLE

XIV. JEAN-MARCELLIN DE LA ROCHETTE, né le 19 janvier 1670, l'un des 200 chevau-légers de la garde du roi, où il entra en 1693, époufa, par contrat du 22 décembre 1711, Marguerite de Chomel, fille de Christophe de Chomel, feigneur du Mont & de La Fayolle, à Saint-Didier en Velay,

& de Catherine Faure, dont :
1. André-Chriſtophe, qui ſuit.
2. Antoine-Joſeph-Ignace de La Rochette, mouſquetaire du roi, 1ʳᵉ compagnie. Il épouſa ſa parente Catherine de La Rochette de Villedemont, fille & héritière de Jacques de La Rochette de Villedemont, capitaine d'infanterie, & d'Eliſabeth Richard. Il teſta le 9 octobre 1773, & inſtitua pour unique héritière ſa fille Marie-Catherine de La Rochette, qui épouſa, par contrat du 3 ſeptembre 1782, Armand-Marie de Jullien de Villeneuve. Elle décéda *ab inteſtat*, & ſans enfants, le 30 mai 1783. Ses biens furent recueillis par ſa mère, qui, par donation entre vifs du 5 juillet 1783, en fit la remiſe à ſon beau-frère M. André-Chriſtophe de La Rochette.

XV. ANDRÉ-CHRISTOPHE DE LA ROCHETTE,

DE BOYRON.

chevalier, ſeigneur de Bonneville, de Bobigneux & de Montgillier, chevalier de Saint-Louis, lieutenant-colonel du régiment de Provence, né le 20 ſeptembre 1719, épouſa, le 22 décembre 1760, Marie-Marthe de Boyron (1), morte à Montbriſon le

---

(1) Les Boyron étoient de très ancienne bourgeoiſie à Montbriſon, où on les retrouve dans le xivᵉ ſiècle. (Aug. Bernard, *Epiſodes hiſtoriques de 1308 & 1358.*)

16 novembre 1819, âgée de 80 ans. André-Christophe de La Rochette tefta le 1ᵉʳ mai 1780, & mourut à Feurs le 28 janvier 1785. Il avoit obtenu une honorable retraite après avoir longtemps fervi, fait les guerres du continent & d'Amérique en Canada, & avoir été bleffé d'un coup de feu à la tête au fiége de Caffel. Ses enfants furent :

1. Catherine-Henriette de La Rochette, née à Feurs en 1762, mariée le 7 mai 1784 à Pierre-Chriftophe d'Affier, feigneur de Luriecq & Valenches, plus tard membre de la Chambre des députés fous la Reftauration & du Confeil général du département de la Loire, chevalier de la Légion-d'Honneur.

Madame d'Affier mourut à Lyon le 21 mai 1806, laiffant pour enfants :

A. Pierre-Marie-Bonnet d'Affier, l'aîné de la famille, garde-du-corps du roi Louis XVIII, membre du Confeil général de département & maire de la ville de Feurs ; allié, le 1ᵉʳ août 1818, à Adélaïde-Alexandrine de La Barthe-de-Termes ; dont trois fils : — Charles, capitaine de cavalerie au régiment des guides ; — Emmanuel, marié en 1849 à Cécile-Henriette, fille du comte Emmery de Grozieulx, pair de France ; dont trois enfants : Jeanne, Valentine, Maurice ; — Eugène, alliée en 1851 à Noémi, l'une des filles du baron de Broffes, en Forez; dont un fils, Raoul..

B. Antoinette-Victorine d'Affier, mariée le 2 septembre 1807 à Jean-Népomucène Roy de l'Ecluſe en Bourbonnais, ancien officier de cavalerie au régiment de Royal-Guienne, chevalier de Saint-Louis fous la Reſtauration. De cette union font nés : Laure, mariée en 1831 à Charles de Bargues (en Auvergne & Corrèze); dont trois enfants : Victor, Berthe, Gabriel; — Antoine-Alfred, qui a épouſé en 1844 Marguerite-Joféphine Rey, en Berry & Bourgogne : ils ont eu pour fille unique, Marie de l'Ecluſe; — Adèle, mariée à Charles, comte de Seraincourt, à Paris; dont deux enfants : Marie & Henri-Alexandre.

C. Jean-Joſeph, dit le chevalier d'Affier, ancien officier de cavalerie dans la garde impériale, mutilé (1) fur le champ de bataille de Leïpfick en 1813, enſuite conſeiller de préfecture, membre du Conſeil général du département de la Loire, longtemps maire de la ville de Feurs, & officier de la Légion-d'Honneur, décédé à Nice en 1853, après avoir prodigué ſa ſanté & ſa vie aux intérêts de ſon pays. Il

---

(1) Il eut la jambe gauche emportée par un boulet de canon.

ne fut point marié, & tranfmit fes biens à fes neveux du nom.

2. Claude-Victor de La Rochette, qui fuit.

3. Anne-Marie-Antoinette de La Rochette, reçue en 1787 chanoineffe du Chapitre royal de Jourfey en Forez, décédée à Montbrifon en 1815.

4. Jean, dit le chevalier de La Rochette, né à Feurs en 1767, officier au régiment de Monfieur infanterie, en 1781, fervit en France jufqu'au moment de la Révolution, émigra en Piémont où il reçut la commiffion de capitaine dans l'armée farde, paffa enfuite à l'armée des Princes & à celle de Condé ; rentré de l'émigration, fit partie de la maifon du roi dans les gardes-du-corps, fut fait chevalier de Saint-Louis & de l'ordre de Saint-Maurice & Lazare de Sardaigne. Homme de caractère & d'efprit, agriculteur diftingué, & retiré dans fon héritage de famille de Saint-Didier en Velay, il y décéda fans alliance le 27 mars 1841, ayant inftitué pour héritier univerfel fon neveu Pierre-Marie Bonnet d'Affier de Valenches, en Forez, qui confacre cet article à fa mémoire qui lui fera toujours chère.

XVI. CLAUDE-VICTOR DE LA ROCHETTE, chevalier, feigneur de Bonneville, Bobigneux & Montgillier, officier au régiment de Monfieur infanterie, où il a fervi jufqu'à la Révolution, chevalier de Saint-Louis & breveté de capitaine à la Reftauration.

DE VERON DE LA BORIE.

M. d'Hozier, généalogiste de la maison du roi, lui délivra en 1787 un certificat attestant qu'il a la noblesse acquise pour être admis au nombre des écuyers de main de Sa Majesté. Il épousa en 1790 Jeanne-Françoise de Véron de La Borie, fille unique & héritière de Jean-André de Véron, baron de La Borie près de Tence en Velay, chevalier de Saint-Louis, maréchal-de-camp & gouverneur, pour le roi, de l'île de Sainte-Lucie, & de Jeanne de Chalendar. De ce mariage sont issus :

1. Alexandre, mort en bas âge.
2. Joseph, mort jeune.
3. Victor, mort enfant.
4. N***, décédé de même.
5. Antoinette-Marie-Christophe de La Rochette, mariée en 1817 à Louis de Tardy, comte de Montravel en Vivarais, d'où sont nés :

A. Marie-Hélène-Cécile, mariée en 1843 à Armand de Ferrare, comte de Pontmartin; dont Henri de Pontmartin, né le 22 novembre 1844.

B. Jeanne-Marie-Antonine, née à Lyon.

C. Jules-Antoine-Victor-Ludovic, mort à Fribourg en 1842.

D. Maurice-Joseph-René, né à Lyon le 14 décembre 1825.

E. Léonce-Marie Philippe, né à Lyon le 13 septembre 1827.

F. Marie-Clémentine-Léopoldine-Gordienne.

G. Marie-Victorine-Octavie.

6. Jennie-Marie-Françoife de La Rochette, mariée au chevalier Camille-Jules de Veyrac, du Puy en Velay ; & de cette union font iffues :

A. Marie-Françoife-Henriette, mariée à Gabriel, comte de Boifeulh, en Périgord ; dont eft provenu Charles de Boifeulh.

B. Jeanne-Marie-Françoife-Fanny, qui a époufé Alfred, marquis de Montalet-Alais, diocèfe de Nîmes.

C. Marie-Clémence-Léopoldine, alliée le 28 novembre 1855 à Henri, comte de Lénoncourt, en Franche-Comté.

7. Clémence de La Rochette, mariée à Léopold, marquis de Bouclans, à Befançon, ancien officier de dragons.

8. Victorine, morte fans alliance.

XVII. 9. — FRANÇOIS-REGIS DE LA ROCHETTE, décédé adolefcent.

En lui a fini la defcendance mâle de cette branche de la famille, éteinte auffi dans d'autres rameaux, en Velay, Forez, Vivarais & Gafcogne.

BRANCHE

DE LA ROCHETTE DE BRENIEU EN VIVARAIS,

PRÈS QUINTENAS ET ANNONAY.

DE SOLEŸSEL.

XII. JEAN-JACQUES DE LA ROCHETTE, fils de Jean & de Catherine Copier, fut docteur en droit. Il époufa, le 29 avril 1621, Catherine de Soleyfel, fille de Jacques de Soleÿfel, feigneur du Clappier près Saint-Etienne en Forez, dont :

1. Catherine de La Rochette de Brénieu, décédée en 1674. Elle avoit époufé dans fon voifinage Jacques de Fouris, feigneur du Plantier (1).

---

(1) Le château du Plantier près Satillieu, paffa par alliance des de Fouris aux de Chaves de La Chavas, & de ceux-ci par fucceffion, en 1806, aux La Rochette de Bobigneux, en la perfonne de M. Claude-Victor de La Rochette, qui vin^t y établir fa réfidence. M. de La Chavas, le poffeffeur antérieur, & qui l'avoit fait rebâtir avant la Révolution, mourut fans alliances, & fon plus proche héritier fut fon parent de La Rochette, dont la bifaïeule étoit une de Chaves de La Chavas. (Voyez XIII, page 11.). Depuis, la terre du Plantier eft échue par fucceffion & partage, en 1854, à Madame Jules de Veyrac, née de La Rochette, qui l'habite avec fa famille. L'ancien domaine & fief de La Chavas étoit une dépendance du Plantier.

2. Marguerite de La Rochette de Brénieu s'allia avec Michel du Bois de Gallerande, lieutenant particulier, civil & criminel au bailliage de Vienne en Dauphiné.

3. Marie de La Rochette de Brénieu, qui époufa à Lyon Pierre de Giry.

BRANCHE
DE LA ROCHETTE DE LA BEYSSONNIERE,
PRES DE SAINT-DIDIER-LA-SEAUVE EN VELAY.

XII. FRANÇOIS DE LA ROCHETTE, fils de Jean & de Catherine Copier, époufa Marguerite Thomas le 20 août 1620, dont il eut :

DU FORNEL.

XIII. PAUL DE LA ROCHETTE, feigneur de La Beyffonnière, garde-du-corps du roi Louis XIV, qui s'allia avec Urfule Du Fornel (1) le 5 mai 1677, dont :

1. Madeleine de La Rochette, religieufe aux Sainte-Claire d'Annonay, qui tefta le 11 août 1714.

2. Jeanne, morte fans alliance.

---

(1) Les Du Fornel, de Saint-Didier-la-Seauve, avoient fervi très honorablement ; l'un d'eux, chevalier de Saint-Louis, étoit major du régiment de Bigorre & poffédoit le château du Soleillant, près Feurs. Il allia fes filles aux Dupeloux & aux Péliffac, du Velay. En elles finit fa famille.

BRANCHE

DES LA ROCHETTE DE BOBIGNEUX,

PRES SAINT-SAUVEUR ET BOURG-ARGENTAL EN FOREZ.

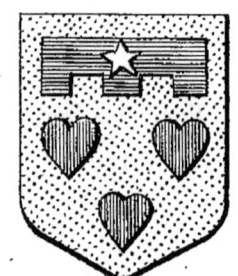

DE PARCHAS DE SAINT-MARC.

XII. PAUL DE LA ROCHETTE, seigneur de Bobigneux & de Bonneville, fils de Jean & de Catherine Copier, major de Suze & lieutenant au commandement de Veillanne, né le 30 juillet 1610, épousa en 1645 Jeanne de Parchas, fille de Marcellin, écuyer, seigneur de Saint-Marc, & de Clémence de La Roue, dont :

1. Gabriel-Joseph, qui suit :
2. François de La Rochette dit de Bonneville, né le 7 juillet 1651, officier au régiment de Gassion, puis capitaine de cavalerie au régiment de Pontréga en 1693.
3. Charles-Achille de La Rochette-Bobigneux, né le 26 août 1653, brigadier de la compagnie de cavalerie du marquis de Saint-Chamont.
4. Henri de La Rochette-Bobigneux, prieur commendataire de Saint-Pierre de Salles.
5. Aimée-Marguerite de La Rochette-Bobigneux.

XIII. GABRIEL-JOSEPH DE LA ROCHETTE,

DE LAURENSON.

chevalier, seigneur de Bobigneux & de Bonneville, né le 24 mai 1649, cornette de cavalerie du marquis de Saint-Chamont, lieutenant au régiment de Gassion, puis capitaine d'infanterie au régiment de Monté, & ensuite major au régiment de Velay (certificat du comte de Broglie, du 30 avril 1692). Il s'allia avec Madeleine Laurenson de Saint-Didier-La-Seauve, & mourut en 1706. Ses enfants furent :

1. Henri, qui suit.
2. Paul-Joseph de La Rochette-Bobigneux, prêtre.
3. Claude de La Rochette, né le 3 septembre 1683, lieutenant-colonel du régiment de Ponthieu, chevalier des ordres de Saint-Louis & de Saint-Maurice & Lazare, épousa en 1741 Catherine de La Tannerie, de Montbrison ; décéda à Feurs le 1ᵉʳ novembre 1765, sans postérité, & institua pour son héritier André-Christophe de La Rochette-Montgillier, son parent.
4. Antoine de La Rochette, dit le chevalier de La Rochette, né le 22 mai 1691, qui fut aussi lieutenant-colonel du régiment de Ponthieu après son frère, ainsi qu'on le voit par son testament du 23 mars 1746.
5. Jacques de La Rochette, né en 1694, fut cha-

noine & grand-chantre du Chapitre royal de Montbrifon en 1733, tefta le 8 avril 1756, & inftitua pour fes héritiers Henri & Claude, fes frères.

6. Paul-Victor-Jofeph de La Rochette, religieux céleftin, mort à Feurs en 1786.

7. Jeanne de La Rochette, née le 27 juin 1678, religieufe en l'abbaye de Bellecombe, ordre de Citeaux, fur la nomination du roi. Elle fit profeffion en 1696, Madame Louife de Morangiès étant abbeffe.

8. Marie-Marguerite, née le 21 octobre 1687, religieufe à l'abbaye de Clavas, ordre de Citeaux.

9. Catherine de La Rochette, née en 1688, religieufe à l'Annonciade célefte de Lyon.

10, 11, 12. Trois autres enfants qui ne vécurent pas.

XIV. HENRI DE LA ROCHETTE, chevalier, feigneur de Bonneville & de Bobigneux, capitaine au régiment de Ponthieu, né le 23 novembre 1681, époufa Anne-Marie d'Inguimbert de Pramiral, fille de Jean-Baptifte, chevalier, feigneur de Pramiral, major de la ville de Lyon, & de Marie-Pernette du Fournel, par contrat du 22 feptembre 1721. Elle

DE PRAMIRAL.

mourut en 1753 à Montbrifon, & fon mari le 16 octobre 1764, fans laiffer de poftérité. Ses biens ont été recueillis par la branche de Montgillier, en la perfonne d'André-Chriftophe de La Rochette (1).

---

(1) Ledit héritier, lui-même chef de famille & déjà poffeffeur, près de Saint-Sauveur, du fief de Montgillier dont il portoit le nom, réunit fucceffivement, par extinction de parenté, la prefque totalité des biens de famille qu'il tranfmit à fon fils Claude-Victor. (XVI, page 34). Retiré du fervice, il avoit établi alternativement fa réfidence à Feurs, où il poffédoit auffi par fucceffion de nombreux domaines, & à Bobigneux, fon féjour d'été, où il fe rendoit en famille à l'époque du méphitifme des chaleurs dans la plaine du Forez. Les véhicules du temps étoient fort simples, à caufe de la difficulté des chemins. Le père & la mère de famille, chacun à cheval, ouvroient la marche ; les enfants fuivoient, placés dans des *cacolets ;* venoient après, les domeftiques & les bagages, fur des mulets & chevaux de bât. On partageoit le voyage en couchant à Saint-Etienne ; & le digne vétéran de l'armée, guidant fa nouvelle phalange dans ces deux étapes, fe croyoit encore à la tête de fon cher régiment de Provence. Les fatigues de la marche étoient bientôt oubliées dans le frais féjour de Bobigneux. Là, les tourelles féodales de l'habitation étoient entourées de beaux ombrages, de vertes prairies, & de cafcades limpides. La vieille bibliothèque, les portraits de famille, complétoient l'ameublement du féculaire héritage. Les premiers frimas ramenoient toute la caravane à Feurs, de la même manière. Telle étoit la vie d'alors, honorable & douce, & fans autre ambition que celle du mérite appliqué au fervice du pays, qui favoit s'acquitter luimême par de nobles récompenfes bien au-deffus des rémunérations pécuniaires. Mais la fortune fembloit venir d'elle-même à ceux qui favoient fe mettre au-deffus d'elle. Sans intrigue & fans aucune fpéculation d'induftrie ou charges lucratives, le dernier de cette lignée d'honneur & de vertu laiffoit à fes enfants, par le feul fait de l'accumulation fucceffive des héritages & d'une fage administration, près de deux millions d'hérédité irréprochablement acquis, & aujourd'hui le patrimoine de Mefdames de Montravel, de Veyrac & de Bouclans.

BRANCHE

DE LA ROCHETTE DE VILLEDEMONT.

XII. JACQUES DE LA ROCHETTE, fils de Marcellin & de Marguerite de Pichon, né le 13 août 1634, fut gendarme de la reine & aide-major de la ville & citadelle de Valence, en 1675 & 1687. Il avoit épousé Catherine Sabot, qui l'institua son héritier, & dont il eut :

1. Marcellin, qui suit.
2. Jacques, qui fut d'église.
3. Jean-Pierre de La Rochette, né en 1662, lieutenant au régiment de Sainte-Maure, ainsi qu'il est qualifié dans le contrat de mariage de son frère Marcellin.
4. Joseph-François de La Rochette, né en 1677, chanoine & aumônier de l'église collégiale de St-Chamond ; testa en 1717.
5. Marie-Louise de La Rochette.

XIII. MARCELLIN DE LA ROCHETTE, seigneur de Villedemont, épousa, par contrat du 24 février 1686, Marie Vincent, fille de Jean-Baptiste Vincent & d'Anne Barallon. Il fut père de

XIV. JACQUES DE LA ROCHETTE, seigneur de Villedemont, capitaine au régiment de Ponthieu, qui épousa le 7 octobre 1720 Elisabeth Richard, fille de Guillaume Richard & de Françoise-Rose, & nièce d'Etienne Rose, prieur des Augustins de Gannat en Bourbonnais. De ce mariage vinrent :

1. Jean-Baptiste de La Rochette, né à Aurelle, fief en la paroisse de Saint-Victor-sur-Loire, le 30 septembre 1723, mort officier au régiment de Ponthieu, sans postérité.
2. Et Catherine de La Rochette, alliée, par contrat du 1er juin 1753, à Antoine-Joseph-Ignace de La Rochette de Montgillier, son cousin, mousquetaire du roi. De cette union naquit une fille unique, Marie-Catherine de La Rochette, qui, mariée à M. Jullien de Villeneuve & morte sans postérité, termina cette branche de la famille, dont les biens, à titre de donation entre-vifs, du 5 juillet 1783, furent recueillis par la branche survivante de Montgillier, en la personne de M. André-Christophe de La Rochette.

Il y a encore dans le Velay, MM. de La Rochette de Lapt, mais sans rapports connus de parenté avec les nôtres, ayant tiré leur nom du château de La Rochette près de Saint-Jeurre; ils font relatés comme gentilshommes dans le XVIᵉ fiècle, maintenus de nobleffe en 1669, & portent :

<small>D'azur, à l'épée d'argent mife en barre, au chef coufu de fable, chargé d'une mer d'argent. (Recueil de D'Aubaïs, tome II, page 177.)</small>

Ainfi fe termine le tableau actuel & complet de la famille de La Rochette dans toutes les branches qui nous font connues. En le parcourant, il fait naître de hautes & confolantes réflexions. Dans ces multiples générations, on voit la fécondité, apanage des fortes & meilleures races, ne porter aucune atteinte à l'exiftence honorable de chaque individu; tous, dans le rang qui leur a été affigné dans la fociété, y vivent d'une manière digne de leur origine, & l'on n'y trouve aucune alliance réprouvée par les délicates convenances des temps paffés. Dans cet enfemble de famille, dans ces nombreufes générations fi fouvent répétées par une bénédiction patriarcale, on fe confacre aux fervices publics. La vocation eccléfiaftique prélève fes élus, la carrière militaire fournit fes grades & fes récompenfes méritoirement acquis, & tous arrivent au but avec la confcience d'avoir rempli dans le monde tout ce que le devoir & l'honneur impofent à de vrais & loyaux gentilshommes de nom & de race.

Ce tableau démontre encore l'unité de fentiments qui règne dans les différentes branches qui le compofent. L'origine, les vieilles chartes font en Auvergne, &, pendant que la ligne directe continue à s'en montrer digne, celles de nos contrées ne lui reftent point inférieures dans l'Eglife, les grades militaires & les croix de Saint-Louis. Enfin, par un exemplaire efprit de famille, dans cette nombreufe parenté, le nom fert de ralliement de cœur à tous ceux qui le portent, & les héritages paffent des uns aux autres pour lui affurer partout avantage & dignité auffi longtemps que la Providence lui accordera, comme par le paffé, faveur & perpétuité.

Pourrions-nous, en terminant cette revue fi chère à nos fouvenirs, ne point parler des femmes, qui en font le conftant ornement? Nous ne ferons point démentis en citant comme leur modèle, parmi celles rapprochées de notre époque, ma mère, Madame d'Affier, Catherine-Henriette de La Rochette, née à Feurs en 1762, qui fut une mère de famille accomplie par fes hautes qualités morales & intellectuelles & fes épreuves au milieu des orages de la Révolution, qui les firent fi dignement reffortir.

A peine avoit-elle obtenu quelque fécurité dans les douceurs d'une heureufe union, fes jouiffances de mère & l'amour complet des fiens, que vers le milieu de fa carrière, lorfque tout lui promettoit des années plus profpères, elle fut appelée à une vie meilleure, récompenſe de toutes ſes vertus & patronage élevé d'où elle préſide encore aux deſtinées de ſa famille.

Que ne devons-nous pas, non plus, à la mémoire de ſa belle-ſœur, Madame de La Rochette née de La Borie, qui remplit ſi admirablement toutes les deſtinations de la Providence vis-à-vis de ſa famille, & par ſon éminente piété, dont la fondation, à Notre-Dame-d'Ay, d'une maiſon de Jéſuites ſuccurſale de La Louveſc, fut une des œuvres principales! Digne de ſes affinités de parenté avec saint François-Régis, elle mourut comme en odeur de ſainteté, & vénérée comme telle, en ſon château du Plantier, le 31 décembre 1849. Une éducation diſtinguée, l'aménité de ſon caractère, l'avoient fait chérir dans ce monde; ſes vertus, tous les ſaints devoirs qu'elle ſut ſi bien remplir, lui ont aſſuré le bonheur dans l'autre.

ARMOIRIES.

DE LA ROCHETTE, en Auvergne. — D'azur, à la fasce d'or accompagnée de trois étoiles d'argent, 2 & 1. Couronne de comte. — Supports : deux griffons. — Devise : *Pro Deo & honore*.

DE LA ROCHETTE, en Forez, Velay & Vivarais, qui substituèrent des armes *parlantes* à celles ci-dessus. — D'azur, à la Rochette d'argent de six copeaux, baignée d'une mer de sinople. Couronne de comte. — Supports : deux lions. — Devise naturelle : *Illæsa fluctibus*.

BLASONNEMENT

Des Alliances de la Maison de La Rochette, en commençant par celles qui ont concouru à sa filiation, suivant le préfent Recueil généalogique.

LIGNE D'AUVERGNE.

Dates des alliances.

13.... ANDRÉAS DE CONROS. — Anobliffement de toute la famille par le roi Philippe de Valois, en 1341. (Armoiries inconnues.) Un évêque de Clermont, dans le xive fiècle.

1366 DE BIERS. — Seigneurs du lieu de ce nom, près Molède, en 1308. (Armoiries inconnues.)

1405 DE TORSEAC OU TORSIAC. — Près Blefle; maifon noble qui fourniffoit au Chapitre de Brioude. Portée ainfi à l'Armorial de 1450 : d'azur, à un taureau de gueules accorné d'argent, iffant de l'angle feneftre de l'écu.

1430 DE CHAPEL. — Gilbert Chapel, chevalier en 1080; Hugues Chapel, bailli d'Auvergne en 1204. Les La Rochette du Forez poffèdent ce contrat de mariage comme pièce de leur filiation.

D'azur, à 3 fafces crénelées d'or, la 1re de 4 créneaux, la 2e de 3, la 3e de 2.

Le cri de guerre MURAT indiqueroit que cette famille eft iffue des vicomtes de ce nom.

1486 DE DIGONS. — Châtellenie près de Pébrac, maifon de chanoines de Sainte-Geneviève, fondée par les Digons les plus anciens.

D'azur, femé d'étoiles d'argent, au guidon échancré d'or mouvant d'une lance de même mife en pal.

1524 D'HAUTE-ROCHE. — Jacqueline d'Haute-Roche, femme d'Antoine de La Rochette, mourut fans poftérité; elle étoit d'une bonne & ancienne maifon. (Armoiries à rechercher.)

1530 D'AURELLE DE COLOMBINE. — Famille d'ancienne chevalerie, alliée aux DE DOUHET : parti, au 1, d'azur à 3 chevrons d'or, au chef d'argent chargé de 3 mouchetures d'hermine de fable; au 2, d'azur à 2 étoiles d'argent & une coquille de même fous 2 besants d'or.

Dates des alliances.

1564   De Chambefort ou Cambefort de Bayas. Un des ancêtres eut l'honneur de recevoir le roi saint Louis, au Puy, dans fa maifon, où logea le monarque.

De gueules, au lévrier rampant d'argent colleté de gueules, à la bordure danchée d'or.

1598   De Sabran. — Très anciennement originaires de Provence, puis baillis de Gévaudan ; ont produit Saint-Elzéard. Ils fe diftinguèrent, au temps de la Ligue, par leur fidélité à la caufe royale. Le chef de la famille périt les armes à la main, à la tête du corps de troupes qu'il commandoit.

De gueules, au lion d'argent.

1625   Du Chatelet. — Très bonne & ancienne maifon, près Apchon en Auvergne, avec de belles alliances.

D'azur, au chêne d'or, au lévrier courant d'argent, colleté de gueules brochant fur le fût de l'arbre.

1656   Du Mas de Lodine. — Famille alliée à celle de Murat, quatre comtes au Chapitre de Brioude.

D'azur, au chevron d'or accompagné de 3 trèfles de même.

1686   De Rochemure. — Maifon noble connue déjà en 1278, diftinguée par fes alliances, d'Efcorail, de Montaynard & autres.

Bandé d'argent & d'azur de 10 pièces.

1739   Molin de Champrousse, près de Condat. (Armoiries à rechercher.)

1768   De Chambarlhac. — Maifon fort ancienne, ne devant qu'à elle-même fa nobleffe, originaire du Périgord où eft le château de Chambarlhac, alliée aux Bourdeille, dont un cardinal, & aux de Dienne & Bouillé en Auvergne. Deux branches, l'une en Forez près Saint-Etienne, l'autre en Velay. Celle d'Auvergne s'eft fondue par fon héritière dans les De La Rochette en 1768.

D'azur, au chevron d'or accompagné de 3 colombes d'argent membrées & becquées de gueules, 2 & 1.

1812   De Muzy. — Très ancienne famille de Breffe, poffeffionnée en Bourgogne & en Beaujolois. On y trouve, en 1358, des chevaliers témoins dans de hautes tranfactions.

De gueules, à l'aigle éployée d'or.

Dates des
alliances.

1817 D'Arnaud de Valabris, à Ufez. — Maifon ancienne & diftinguée.
De gueules, au chevron d'or accompagné de 3 befants de même.

1819 De Malard de Sormain, en Charollais. — Famille alliée au général comte de Précy, qui défendit Lyon en 1793.
D'argent, à 2 fasces d'azur surmontées de 3 alérions en rang, de même.

1841 De La Rochette du Faÿ. — Alliance entre coufins germains du même nom, qui donne à ce rameau de la famille un double fujet d'intérêt, repréfenté par le double écuffon de La Rochette.

1849 De Saint-Vincent. — Cette famille, en Languedoc, diftinguée par fes fervices militaires, a fourni un officier général, maréchal-de-camp.
De gueules, au bras armé au naturel, issant du côté senestre de l'écu, & tenant une épée d'argent passée dans une couronne d'or.

1850 Sancy, dans le Chalonnois. — Riche famille confidérée.

ALLIANCES DES DAMES NEES DE LA ROCHETTE

DE LA BRANCHE D'AUVERGNE.

14... Protin de La Liegue, en Forez. — D'or, à la fafce ondée de fable.

Id. De Boys-Vair, id. — Coupé de gueules & d'or, à l'arbre de finople brochant sur le tout.

1473 Pons de La Grange. — Trente-fept admiffions au Chapitre de Brioude, de 1161 à 1668.
Ecartelé : au 1 & 4, de gueules à 3 fafces d'or ; au 2 & 3, d'azur au chevron d'or accompagné de 3 pommes de même.

15... De Miramont de Pestel. — D'ancienne chevalerie, remontant en Rouergue à 1028, venus & alliés en Auvergne aux Pestel en 1608.
D'azur, au lion d'or, à la cotice de gueules brochante.

15... De Boucherville........ (A rechercher.)

Dates des alliances.

16... DE RIOLS. — Remontant à fix degrés en 1498.

D'azur, à 2 étoiles d'or en chef & un croiffant de même en pointe.

16... DE ROCHEMONTEIX. — On les retrouve au XIVe fiècle, chevaliers.

De gueules, au lévrier d'argent, au chef cousu d'azur chargé de 3 étoiles d'or.

16... DU TEIL, feigneur de Chazelet. — 1547.

D'or, à l'arbre de finople, au chef d'azur chargé d'une fleur-de-lis entre 2 étoiles d'or.

16... DE PERPEZAT, chevalier à la Croifade en 1250. (Armoiries à rechercher.)

1648 DU PUY DE ROUSSON. — Maifon defcendue d'un De Dienne, époux d'Alafie du Puy en 1260, dont il prit le nom.

Parti, au 1, d'azur à 3 têtes de lion d'or; au 2, d'azur an chevron d'argent accompagné de 3 croiffants d'or.

16... DE VAZEILLES..........

17... DE RIOLS, feconde alliance. — (Voir ci-deffus.)

18... DU JOHANES DE JENSAT, en Bourbonnais.

D'azur, à 2 étoiles d'argent en chef & un croiffant de même en pointe, une couronne d'or furmontée d'un autre croiffant d'argent en cœur.

18... VILLEDEY DE CROZE, en Charollais..........

ALLIANCES DANS LES ASCENDANTS.

D'ESCORAIL. — L'une des premières & plus diftinguées races d'Auvergne, d'ancienne chevalerie (1030), croifades, &c. Le château d'Efcorail entre Mauriac & Pléaux.

D'azur, à 3 bandes d'or.

DE DIENNE. — Léon de Dienne prit la croix après le concile de Clermont en 1095, & fut l'auteur d'une puiffante & nombreufe lignée perpétuée jufqu'à nos jours.

Le blafon, au falon des Croifades à Verfailles, porte: d'azur, au chevron d'argent accompagné de 3 croiffants d'or. — Cri de guerre : CHAVAGNAC, & plus tard, DIENNE.

Dates des alliances.

De Douhet, baron d'Auzers. — Très bonne maifon d'Auvergne, damoifeaux en 1283.
 D'argent, à l'aigle de fable.

Murat (Les vicomtes de). — De la haute nobleffe d'Auvergne, divifés en un grand nombre de branches, dont la plupart ont des armoiries différentes.

De Saillans. — Neuf comtes de Brioude, de 1256 à 1558.
 D'argent, au croiffant tourné de gueules accompagné de 3 étoiles de même, 2 en chef & 1 en pointe.

(Voir, en outre, les Preuves de M. Jofeph de La Rochette, de 1711, page 59.)

BRANCHE DE VELAY, FOREZ ET VIVARAIS.

1526   Valentin, à Craponne en Velay. — Famille éteinte, armoiries à chercher.

1574   Bollioud de Saint-Julien, à Bourg-Argental en Forez. — Famille connue dès 1472, dont une branche en Lyonnais & Dombes.
 D'azur, à un chevron d'or, au chef coufu de gueules, chargé de 3 befants auffi d'or mis en rang.

15...   De Cosu............, préfumés éteints : à rechercher.

15...   De Plasse...........,   id.   id.

1642   Copier de La Murette, à Saint-Didier en Velay.
 De fable, à 3 coupes d'argent.

1653   De Pichon, à Saint-Didier en Velay.
 De vair, au chef de gueules, chargé d'un lion naiffant d'or.

1666   De Chaves de La Chavas, en Vivarais. — Seigneurs du Plantier & de Saint-Romain-d'Ay.
 Parti, au 1, d'azur à la bande engrêlée d'argent, accompagnée de 2 croiffants de même, l'un en chef, l'autre en pointe ; au 2, d'argent à la fafce échiquetée de 3 traits d'argent & d'azur, accompagnée de deux lions paffants de gueules, l'un en chef, l'autre en pointe.

BLASONNEMENT

Dates des
alliances.

1693   De Chomel de La Fayolle, à St-Didier en Velay, dont un conseiller au parlement de Dombes.

      D'or, à la fasce d'azur chargée de 3 carreaux ou losanges d'argent.

1760   De Boyron, à Montbrison. — Eteints en Madame de La Rochette de Bobigneux. On retrouve cette famille dans la bonne bourgeoisie du xive siècle.

      D'azur, à la balance d'argent. (Incertain.)

1790   De Veron de La Borie, à Tence en Velay. — Dont un maréchal-de-camp, gouverneur pour le roi de l'île de Sainte-Lucie, chevalier de Saint-Louis.

      D'azur, à 2 tours d'argent, à une fleur-de-lis de même en chef, une fasce en devise aussi d'argent brochant sur le tout.

1621   De Soleÿsel, seigneurs du Clappier, à Saint-Etienne en Forez. — Le célèbre auteur & écuyer de ce nom, appartenant à la maison du roi, étoit le neveu de Madame de La Rochette de Brénieu.

      Coupé d'azur & de gueules, à 3 croisettes d'argent en chef, & un soleil d'or en pointe.

1645   De Parchas Saint-Marc. — Famille noble, venue d'Auvergne à Firminy & à Saint-Didier, avant 1450.

      D'or, à 3 cœurs de gueules, au lambel d'azur en chef chargé d'une étoile d'argent.

1677   Du Fornel, à Saint-Didier en Velay. — Seigneurs du Soleillant près Feurs en Forez. Famille honorable de militaires & de chevaliers de Saint-Louis, éteinte dans les Dupeloux & les Pélissac.

      D'azur, au cerf au naturel courant sur une terrasse de sinople.

1678   Laurenson de La Roche, à Saint-Didier.

      De pourpre, au chevron d'or accompagné d'un croissant d'argent en pointe, au chef d'argent chargé de 3 mouchetures d'hermines de sable.

1721   D'Inguimbert de Pramiral. — Maison passée d'Autriche en France en 1470. Services militaires distingués. Plusieurs branches : une, établie à Lyon, a fourni un major de cette ville, dont la fille devint Madame de La Rochette de Bobigneux.

D'azur, à 4 colonnes d'argent avec leurs bases & chapiteaux, 2 étoiles auffi d'argent en chef. — Devife : *Firmantur ab aftris.*

ALLIANCES DES DAMES DE CETTE LIGNE.

1610 DE BEGET, à Moniftrol. — Alliés aux CHARBONNEL DE JUSSAC & aux meilleures familles des environs.

D'azur, au dauphin d'argent accompagné de 3 étoiles d'or.

1620 DE COLOMB, à Saint-Sauveur. — Honorable famille de très ancienne origine, venue du Puy, où on la retrouve qualifiée, au commencement du XIVe fiècle.

D'azur, à 3 colombes d'argent 2 & 1, becquées & membrées de gueules.

Hélène de Colomb de Gaft, fille unique de Jofeph, mariée en 1845 à Profper de Bonneville, des environs du Puy, dont quatre fils.

1782 DE JULLIEN DE VILLENEUVE, à Firminy près Saint-Etienne. — Maifon qui a produit des magiftrats & des chevaliers de St-Louis.

De gueules, au pal d'argent, au chef coufu d'azur chargé d'un lion d'or.

1784 D'ASSIER. — Seigneurs de Valenches & de Luriecq, en Forez. Lignée remontant à plus de cinq fiècles dans la poffeffion de fes héritages patrimoniaux, & titrée dans une de fes branches diftinguée par les fervices militaires & autres.

D'argent (alias d'or), à 3 bandes de gueules. — Devife : *Sans rouille.*

Cette famille s'eft alliée aux Labarthe qui fe prétendent iffus des anciens rois d'Aragon, dont ils ont retenu les armes : *d'or, à 4 pals de gueules.* Les différentes branches écartellent diftinctivement.

Les Labarthe ont produit un maréchal de France, 1558, & plufieurs hauts dignitaires dans l'Eglife & dans l'armée.

Les d'Affier de la génération fuivante font entrés chez les Emmery de Grofieulx, pairs de France : — d'azur, à

3 chevrons d'or, à la bordure componnée d'argent & de fable, de 20 pièces ; — & chez les barons de Broffe en Forez, illuftrés par un maréchal de France (1426) : d'azur, à 3 broffes d'or liées de gueules.

1817 DE TARDY, comtes de Montravel en Vivarais. — Très noble & très ancienne maifon fortie d'Auvergne dans le XIVe fiècle. Les ruines de l'antique château de Montravel font près d'Arlenc.

Ecartelé, au 1 & 4, d'or & d'azur ; au 2 & 3, d'argent à 3 fapins de finople, au chef de gueules chargé de 3 befants d'or, qui eft de Tardy en Forez. — Devife : *Sanguine nobilis, virtute nobilior*.

1821 DE VEYRAC, en Velay. — Titrés de barons, & defcendant des anciens feigneurs de Paulhan en Languedoc, ils font alliés à la maifon de La Rovère, qui a fourni le pape Jules II.

Ecartelé, au 1 & 4, de gueules à 3 pals d'or ; au 2 & 3, d'azur au chevron d'or accompagné d'un lion de même en pointe ; au chef de gueules, chargé de 3 étoiles d'or.

1829 DE BOUCLANS (LE BAS, marquis), à Befançon. — Famille diftinguée dans la haute magiftrature, les emplois militaires, & par fes belles alliances.

D'or, à 3 arbres arrachés de finople, 2 & 1, & un lion en cœur.

PARENTE ACTUELLE AU DEUXIEME ET AU TROISIEME DEGRE

DE DESCENDANCE MATERNELLE DE NOS LA ROCHETTE.

Par les TARDY DE MONTRAVEL :

Comte Armand de Pontmartin. — D'azur, à la grille d'or mouvante du côté feneftre & adextrée d'un lion d'or couronné, foutenant de fa patte une fleur-de-lis de même.

Par les DE VEYRAC :

Comte Gabriel de Boifeulh, en Périgord. — D'argent, à la bande de fable chargée de 3 lofanges d'argent, à la bordure de fable femée de larmes d'argent & de gueules.

Marquis Alfred de Montalet-Alais, de Nîmes. — De gueules, au demi-vol d'argent. — Devife : *Donec dent fidera fedem.*

Comte Henri de Lénoncourt, à Befançon. — Ecartelé, au 1 & 4, d'azur au pal breteffé d'or maçonné de fable, chargé d'une vergette du même ; au 2 & 3, de gueules, à la croix dentelée d'argent.

Par les D'Assier :

Alfred Roy de l'Eclufe, en Bourbonnais. — D'azur, au chevron d'or, accompagné de 3 rencontres de bœufs, auffi d'or.

De Chazette de Bargues, en Auvergne. — D'azur, au chevron d'argent, accompagné en chef de 2 étoiles de même, en pointe de 2 têtes de chiens.

Comte Charles de Seraincourt, à Paris. — Ecartelé, au 1 & 4, d'azur au chevron d'or, accompagné de 3 pommes de pin de même ; au 2 & 3, de gueules à 3 chevrons d'or. — Support : deux anges. — Devife : *Angelis fuis mandavit de te.*

Nous n'avons pu retrouver les armoiries des Dufaur de Ribanel, en Gafcogne ; des Defouris, feigneurs du Plantier en Vivarais ; des De Vermanton, à Valence ; des Du Bois de Gallerande, à Vienne ; des De Giry, à Lyon, qui rappellent autant d'alliances de nos dames De La Rochette du Forez ; comme auffi nous avons le regret de n'avoir point reçu celles des Villedey de Croze du Charollais, & des Sancy du Chalonnais, qui auroient complété notre tableau. Cette dernière famille recèle en ce moment, d'une manière bien intéreffante, notre efpoir par l'unique rejeton mâle des De La Rochette de toutes les branches qui viennent de nous occuper. (*Domine, falvum fac.*) Efpérons tout auffi des jeunes rameaux de la famille en pleine fécondité, & fi dignes d'une faveur de plus de la Providence.

Le patrimoine originaire de tous les LA ROCHETTE qui nous occupent, le château de La Rochette-Saint-Ilpize-fur-Allier, eft une des belles ruines de l'Auvergne. Notre intention aurait été d'en joindre ici la fidèle repréfentation ; le temps nous a manqué. Nous lui aurions auffi donné pour pendant le deffin du romantique manoir de Bobigneux en Forez. L'un & l'autre, s'attachant aux deux branches principales de la famille, auraient orné & dignement complété fon Mémorial généalogique.

Meffieurs DE LA ROCHETTE, de la tige d'Auvergne, quoique ne portant pas habituellement de titres, prenoient dans leurs actes celui de *comtes*. N'y étoient-ils pas autorifés par tout ce qui précède, & par les quatre titulaires de leur famille au Chapitre des comtes de Brioude, le dernier à la date de 1711, indépendamment du chanoine primitif de 1241 ?

Nous terminons par le tableau des Preuves pour la dernière admiffion.

Preuves pour l'admission au Chapitre noble des comtes de St-Julien de Brioude, en 1711, de M. Joseph de La Rochette, de la province d'Auvergne
(Le Chapitre de Brioude, en Auvergne, exigeoit les mêmes preuves que celui des comtes de St-Jean de Lyon, 16 quartiers.)

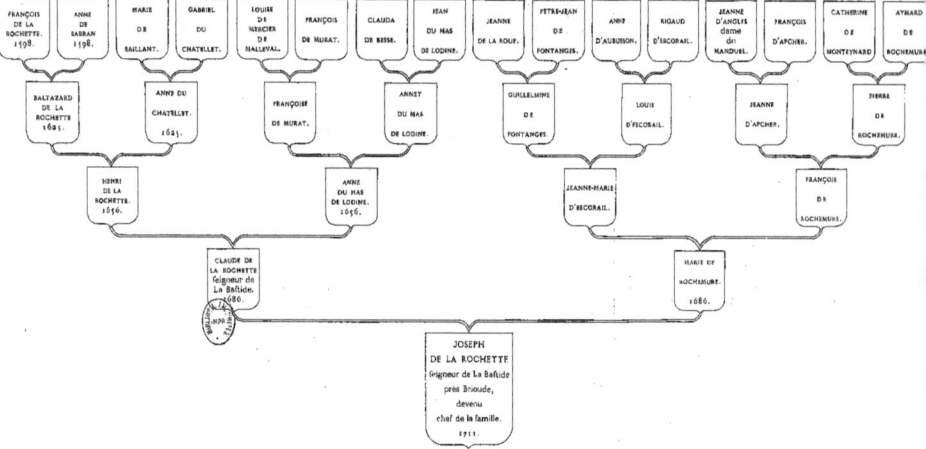

MAISON DE LA ROCHETTE,

Appendice Généalogique.

1856.

(à intercaler p. 15.)

APPENDICE

A LA

Notice historique & généalogique

DE LA

MAISON DE LA ROCHETTE,

TIRÉ

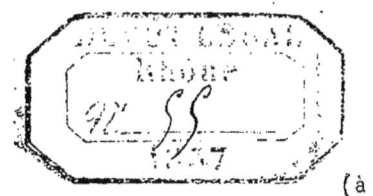

De ma correspondance avec le comte de La Rochette de Rochegonde, seul représentant actuel de la branche aînée.

Septembre 1856.

Cette correspondance, outre tout ce qu'elle contient de chofes bien-veillantes à mon adreffe perfonnelle, m'a donné le regret de n'être pas plus tôt entré en relation avec le digne parent à qui je dois les articles & document généalogique fuivants, & que je rapporte ici textuellement.

BERAUD DE GUIGUES DE LA ROCHETTE, BRANCHE AINEE OU DE ROCHEGONDE. par lequel commence avec raifon la Notice, étoit qualifié de chevalier en 1250, c'eft-à-dire quinze ans après que l'empereur Frédéric II eut exclu de cette dignité quiconque n'étoit pas né du fang des cheva-

Alliances.

liers : « *Militarem honorem nullus accedat qui non sit de genere militum*, » ordonnance confirmée par Philippe IV le Bel, en 1294. A cette époque, les souverains même qui n'avoient pas reçu l'accolade rendoient hommage aux chevaliers. Un acte en latin, de 1250, en ma possession, fait foi de ce que j'avance.

DU CHATELET, d'azur, au chêne d'or, au levrier courant d'argent, colleté de gueules, brochant sur le fût de l'arbre.

L'époque précise de la séparation de nos bons parents, MM. d'Auger, est l'an 1625, lors du mariage de M. Antoine-Balthazard de La Rochette, second fils de *François*, qui épousa demoiselle Anne du Chatelet, & qui eut pour apanage le château & seigneurie de *La Bastide*, ce qui fit qu'avant leur migration à *Auger*, ils se nommoient *de La Rochette de La Bastide*. Son frère aîné Claude conserva Saint-Ilpize & La Rochette. Il ne garda cependant que ce dernier fief, comme je vais vous le faire connoître.

LA ROCHEFOUCAULD LANGHEAC, écartelé au 1er & 4e d'or, à 3 pals de vair, qui est Langheac, au 2e & 3e burelé d'argent&d'azur, à 3 chevrons de gueules brochant, le 1er écimé, qui est La Rochefoucauld.
—
Cette illustre maison est

XII. Le 11 février 1618, CLAUDE DE LA ROCHETTE, fils de François de La Rochette, épousa Mademoiselle Berthe de La Rochefoucauld, fille de M. Hugues de La Rochefoucauld, marquis de Langheac, & de Marguerite de Ponteau. Une transaction eut lieu au mois de septembre de la même année, par laquelle MM. de La Rochette abandonnèrent à Gaston de La Rochefoucauld, deuxième fils de Hugues, le château & seigneurie de Saint-Ilpize jusqu'à l'Allier, formant ligne de séparation entre ce fief & celui de La Rochette. Ils reçurent en échange, ou pour la dot de Berthe, les terres & châteaux de Challiac, Cussac &

Verneyrolles; plus le tiers de la comté de Rochegonde, les deux autres parties appartenant aux maisons de Giberteix & de Lastic.

A partir de cette époque, la branche aînée ajouta au nom de La Rochette celui de *Rochegonde* comme distinctif, sans prendre encore le titre de comte de cette terre; ce ne fut que plus tard, comme on va le voir.

Le titulaire primitif de la comté de Rochegonde, chevalier banneret, étoit mort dans les premières guerres de religion, sous Charles IX, laissant trois filles qui avoient épousé MM. de La Rochefoucauld, de Giberteix & de Lastic, d'où vint le partage de cette seigneurie.

XIII. JEAN-BAPTISTE DE LA ROCHETTE, fils de Claude, capitaine au régiment d'Auvergne, épousa demoiselle Charlotte de Rochemonteix de Vernassal, fille du marquis de ce nom; leur contrat de mariage reçu Dupuy, notaire royal, le 15 mai 1644.

XIV. JACQUES DE LA ROCHETTE, fils de Jean-Baptiste, fut allié à demoiselle Catherine de Rochemure du Fraisse. Entre autres pièces, testament de Jean-Baptiste, qui institue Jacques son fils aîné son héritier universel le 21 novembre 1665, reçu Amadeux, notaire royal.

XV. JOSEPH DE LA ROCHETTE, chevalier des ordres du roi, colonel attaché à la personne du maréchal de Luxembourg, né le 16 octobre 1679, épousa,

---

issue des Lusignan, qui fournirent des rois de Jérusalem & de Chypre. François de La Rochefoucauld, en 1494, eut l'honneur de tenir sur les fonts le roi François Ier, en mémoire de quoi, tous les aînés de cette famille conservent le nom de François.

ROCHEMONTEIX, de gueules, au levrier d'argent, au chef cousu d'azur, chargé de 3 étoiles d'or.

ROCHEMURE, bandé d'argent & d'azur de 10 pièces.

GIBERTEIX, d'azur, à la fasce d'argent.
BLAU, chevalier, seigneur de Giberteix de Cronce, en 1250. (Haute-Auvergne.)

le 12 juin 1710, Gabrielle de Giberteix, fille du chevalier comte Fulgurand de Giberteix de Chapelus & de Louise de La Rochefoucauld, co-seigneur de Rochegonde. Elle reçut en dot le tiers de la seigneurie de Rochegonde appartenant à M. de Giberteix. Joseph de La Rochette, possesseur alors des deux tiers de la comté de Rochegonde, acquit le troisième par un échange de décembre 1711, avec Jean de Lastic, par lequel il céda à ce dernier les terres du Chambon & de Pérusse, lui venant aussi du chef de sa femme: ayant alors les indices & non le titre de comte de Rochegonde, il en obtint la confirmation par lettre-patente du roi, d'août 1713.

Joseph de La Rochette eut deux fils, dont l'aîné Guillaume lui succéda dans tous ses titres & priviléges; & le second, Christophe, qui fut seigneur de Verneyrolles & de Mercurette, dont le descendant habite encore cette dernière terre. C'est un parfait honnête homme, dans une position aisée, mais menant une vie retirée dans ses possessions.

XVI. GUILLAUME DE LA ROCHETTE de Rochegonde, major dans les chevau-légers, chevalier de plusieurs ordres, fut chargé de missions importantes par le roi Louis XV, qui l'appelle son amé & féal. Plus de dix gentilshommes lui rendoient foi & hommage pour des biens, rentes, censive & droits féodaux, comme le prouvent les titres que je possède. Il épousa, le 2 septembre 1748, demoiselle Béatrix de Vaissière, ou de La Vaissière, fille du lieutenant-général de St-Flour, bonne famille de la Haute-Auvergne. Elle lui apporta en dot les deux terres de Pirou & d'Anglars, confisquées pendant la Révolution. Il mourut en janvier 1788, laissant quatre fils & quatre filles, savoir :

1. Christophe Béraud, filleul de M. de Verneyrolles;

2. Jacques qui, ayant émigré comme lieutenant, assista à toutes les guerres de la Vendée, fit partie de l'armée du prince de Condé, servit sous la Restauration comme major, & mourut sans enfants en 1833: il étoit chevalier de la Légion-d'Honneur & de l'ordre de Wladimir de Russie;

3. François, chevalier de Malte, mourut à Quiberon;

4. Pierre, prêtre prieur de St-Martin-du-Bosc avant la Révolution, émigra avec ses frères; rentré en 1815, il fut nommé aumônier du régiment des chasseurs des Ardennes, & mourut aux colonies;

5. Françoise-Clotilde, qui épousa M. le comte de Ségur;

6. Françoise-Rosalie, mariée à M. le chevalier de Reyrolles;

7. Julie-Madeleine, qui mourut supérieure au couvent de la Visitation de Mende (Lozère);

8. Marie-Catherine, morte demoiselle.

XVII. CHRISTOPHE BÉRAUD DE LA ROCHETTE de Rochegonde, né en 1750, épousa Mademoiselle Pélagie des Rousseaux, d'une bonne &

LA VAISSIERE DE CANTOINET, d'azur, au coudrier d'or à la bande de gueules brochant sur le tout. Ancienne chevalerie. Philippe de la Vaissière, damoiseau en 1327.

SEVERAC DE SEGUR, d'argent, au lion de gueules accompagné de 7 étoiles. 1239.

DE REYROLLES.

DES ROUSSEAUX.

*

ancienne famille de Flandres, nobleſſe de robe, le 10 juin 1787. Capitaine au régiment de Berry avant la Révolution, il fit la campagne d'Amérique ſous les ordres de M. de Rochambeau & du marquis de Montcalm. Lors de l'émigration, il ſuivit les princes avec toute ſa famille, fit partie de l'armée de Condé, aſſiſta au ſiége de Maëſtricht, ſe trouva à l'expédition fatale de Quiberon, où fut tué en combattant à ſes côtés ſon frère François, chevalier de Malte. Ayant acquis dans l'émigration le grade de lieutenant-colonel, il ſervit à la première Reſtauration en cette qualité dans les gardes de la Porte; ſuivit le roi à Gand. Rentré de nouveau en 1815, il obtint le grade de colonel & un commandement à Strasbourg, qu'il conſerva juſqu'en 1820, époque où il eut ſa retraite. Il étoit chevalier de St-Louis, de la Légion-d'Honneur & de pluſieurs ordres étrangers. Il mourut en 1830, à l'âge de 80 ans, laiſſant trois fils & quatre filles, ſavoir :

1. Achille-Guillaume, qui continue la filiation;

2. François, mort ſous-lieutenant en 1815, ſans enfants;

3. Claude-Alexis, mort ſans alliance en 1836;

4. Joſéphine, décédée non mariée;

5. Clotilde-Eugénie;

DE L'ORANGERIE.

6. Sophie-Antoinette, alliée à M. Fauvel de l'Orangerie, capitaine en retraite, chevalier de la Légion-d'Honneur;

7. Marie-Virginie, mariée à M. Du Puy.

XVIII. ACHILLE-GUILLAUME, mon père, né le 14 septembre 1789, émigra avec toute sa famille; rentré en France en 1807, lors de l'apogée de l'ère impériale, quoique attaché de cœur à l'ancienne dynastie, il ne crut pas devoir refuser son bras à la France pour contribuer à la placer au premier rang parmi les nations. Il parvint rapidement au grade de lieutenant; mais ayant reçu trois blessures, dont une très grave, à la bataille de Wagram, il entra dans les postes militaires, où il servit en qualité d'inspecteur en Westphalie. Il conserva à la Restauration un emploi supérieur, & donna sa démission en 1830. Il avoit épousé, le 8 mai de la même année, Mademoiselle Fanny de Hennig, d'une noble famille du grand-duché de Hesse-Darmstadt; elle étoit demoiselle d'honneur & amie de la duchesse, lorsque mon père, envoyé en mission dans ces contrées en 1829, fit sa connoissance. Après la Révolution, il se retira dans ses propriétés, où il vécut en bon gentilhomme doué de toutes les vertus civiques & chrétiennes. Ayant perdu ma bonne mère en 1839, il se consacra entièrement à mon éducation, étant son fils unique. Dans mon intérêt, ce bon père ne voulut pas se remarier.

DE HENNIG.

XIX. Je suis né le 7 mars 1831; le comte François-Alexandre de La Rochefoucauld fut mon parrain, & je porte ses prénoms. Mes études terminées à Paris, reçu bachelier ès-lettres & ès-sciences, j'entrai dans l'état militaire, &, à la veille de conquérir mon épaulette fur ces champs de bataille de la Criméé qu'a immortalifés l'héroïfme de nos vaillants foldats, un coup de foudre vint me frapper: mon bon père, mon digne père étoit décédé au château de La Rochette, le 22 janvier 1855, avec la foi d'un bon chrétien & le calme de l'honnête homme. Sa dernière penfée fut pour moi. Je fus obligé alors d'abandonner la noble carrière des armes, pour me mettre à la tête de mes affaires.

Je n'ai trouvé qu'une fortune bien amoindrie par les malheurs de la Révolution qui ont pefé fur ma famille, & les nombreux partages, conféquence des nouvelles lois. Il me refte l'efpérance de foutenir ma maifon par une alliance honorable digne de mes ancêtres, & pour cela j'ai foi en la Providence qui, au nombre de fes moyens, m'a réfervé des amis parmi lefquels je puis maintenant vous compter, Monfieur & cher allié, d'après la fenfible preuve d'intérêt que vous venez de nous donner. . . . . .
. . . ? . . . . -

COMTE DE LA ROCHETTE DE ROCHEGONDE.

Château de La Rochette, près de La Voûte-Chillac (Haute-Loire), 1856.

Nous puisons aussi dans la même correspondance les détails suivants.

Rochegonde est dans le Cantal, à vingt kilomètres de St-Flour, quinze de Chaudes-Aigues & sept de Pierrefort, qui est son canton. Sa commune est Neuve-Eglise. Situé au nord-ouest de ce dernier lieu, Rochegonde, grand village en amphithéâtre autour du château, compte au moins soixante feux & a deux foires par an. C'étoit anciennement un siége de haute, moyenne & basse justice. Le vieux château féodal, datant des croisades, étoit fort par sa position & muni de défenses dont il conserve encore les ruines. Il fut détruit par les patriotes de 1793, qui le pillèrent & firent un feu de joie de tout ce qu'ils ne purent emporter. Les portraits de famille, les meubles & papiers furent livrés aux flammes; ils enlevèrent huit canons dressés sur les remparts, & mirent le feu aux bâtiments en se retirant. L'ancienne chapelle seule échappa à la destruction; elle compose aujourd'hui, avec quelques fonds, ce qui est resté de Rochegonde en la possession du descendant de la vieille lignée de ses châtelains-comtes.

Ce digne héritier le plus direct d'une maison jadis puissante & qui comptoit près de soixante mille livres de rentes, la majeure partie en droits feigneuriaux anéantis par la Révolution, a confervé auffi en propriété le château originaire de *La Rochette* & fes dépendances. Il eft fitué en face de Saint-Ilpize & fur la rive gauche de l'Allier, à peu de diftance de la Voûte-Chillac (Haute-Loire). Quelle que foit la diminution aujourd'hui de fon revenu utile, une grande valeur morale s'attache à cet antique patrimoine d'une honorable race de gentilshommes qui en ont noblement porté le nom pendant fix fiècles, & nous infpire le vœu ardent de la voir fe perpétuer encore par fes précieux rejetons. C'eft d'ailleurs dans toutes nos fympathies de famille, & dans celles qui s'attachent à lui perfonnellement, que nous trouverons la meilleure manière de remercier M. de Rochegonde de fon intéreffante & complétive communication.

Lyon, feptembre 1856.

D'ASSIER DE VALENCHES.

Lyon. — Impr. de Louis Perrin.

www.ingramcontent.com/pod-product-compliance
Lightning Source LLC
LaVergne TN
LVHW051501090426
835512LV00010B/2269